To Betty and ♡

J Maypole
with the family
Oct 94

Suomea Helsingistä Lappiin
Finland from Helsinki to Lapland

Raimo Suikkari

Kuvat, teksti ja taitto: Raimo Suikkari
Takakansi ja kuvat sivuilla 12, 15, 19,
29, 57, 73, 78, 81, 83 ja 92 Jouko Suikkari
Kirja pohjautuu Raimo Suikkarin teokseen
Suomen Luontokuvia, 1992
Tämä kirja on palkittu Lauri Jäntin säätiön
kunniakirjalla 13.1.1994
© RKS-Tietopalvelu Oy Raimo Suikkari
Ladonta: Lubalinaakkoset Oy
Värierottelu: Asemointipiste Oy
2. painos
Painopaikka: WSOY Porvoo
Painettu Metsä-Serlan 135 g Galerie Art Gloss paperille
Espoo 1994
ISBN: 951-96635-3-3

Pictures, text and layout by Raimo Suikkari
Back cover and illustrations on pages 12, 15, 19,
29, 57, 73, 78, 81, 83 and 92 by Jouko Suikkari
This book is based on Raimo Suikkari's
Pictures of Nature in Finland, 1992
This book has been awarded the Lauri Jäntti
Foundation's certificate of honour 13.1.1994
© RKS-Tietopalvelu Oy Raimo Suikkari
Translations Tuovi & John Methuen. Elaine Hoisington
Typesetting Lubalinaakkoset Oy
Reproduction Asemointipiste Oy
2 printing
Printing WSOY Porvoo, Finland
Printed on Metsä-Serlas 135 g Glaerie Art Gloss paper
Espoo 1994
ISBN: 951-96635-3-3

Suomea Helsingistä Lappiin
Finland from Helsinki to Lapland

Suomalainen luonto on moni-ilmeinen ja vivahteikas, niinkuin ihminen,
jonka pitäisi kuulua siihen vain yhtenä osatekijänä.
Tämän kirjan kuvat ja teksti ovat vain pieni sirpale Suomen luontoa, Lappia
ja Helsinkiä.
Toivon, että tämäkin antaa lukijalle lämpimän henkäyksen Suomesta ja sen
kauniista luonnosta.
Ihmissukupolvet tulevat ja menevät, mutta Luonto on.

Finnish nature is varied and rich in nuances, like any human being,
who should only think of himself as one part of nature.
The pictures and text of this book are just glimpses of the spirit of nature,
of beautiful Finland, of Lapland and Helsinki.
I hope this book will give the reader a warm impression of Finland, and of
its still unspoiled countryside.
Generations of mankind come and go, but Nature endures.

Raimo Suikkari

Suomalaisen metsän luontohiljaisuudessa voi pieni ihminen kokea elämänsä kauneimmat hetket...

In the peace and quiet of a Finnish forest one can experience the most rewarding moments of one's life.

Lumisia männynrunkoja 25° pakkasessa. Päivä on etelä-Suomessakin tammikuussa vain kuusi tuntia pitkä.

Snowy pine trunks at –25°C or –13°F. In January daytime is a scarce six hours in southern Finland.

6

Näkymä Ilomantsista. Itä-Suomessa maa voi saada useampana talvena yli metrisen lumipeitteen.

A snowladen scene in Ilomantsi. Many a winter may yield over a meter of snow in eastern Finland.

Talvinen auringonkajo jättää jäähyväiset päivälle ja kietoo illan salaperäiseen hämyyn...

Afterglow of the winter sun bids good-bye to day and wraps the evening in mysterious twilight...

Suomessa on vielä paljon puhdasta luontoa ihmislapsen taivallettavaksi.
There are still vast areas of virgin countryside to roam.

Yksivuotinen kamomillasaunio (Matricaria recutita) kasvaa Suomen
pelloilla ja joutomailla. Sen mykeröitä on käytetty rohtona.

The annual camomile grows in fields and uncultivated lands. Its flower
heads are used as a herb.

Helmikuun aurinko antaa jo aavistuksen lämpöä haavan rungoille.
Aspen tree trunks warming in the first February sun.

Kirpeänraikas pakkasilma houkuttelee hiihtäjän lumihiljaiseen talvimetsään.
Brisk frosty weather entices a skier into the snowy silence of a winter forest.

Oravan (Sciurus vulgaris) talviturkki on tuuhea. Männynkäpyjen siementen lisäksi sille maistuvat pähkinät.

Pine cone seeds and peanuts are savored by squirrels like this one in its bushy winter furs.

Turun linnan rakentaminen on aloitettu jo 1280-luvulla, ja yhä se juhlistaa Turun talvista maisemaa.

The castle in Turku dates from the 1280's, and is still there to celebrate the city's winter scene.

Suomalainen "Riihi" on hirrestä tehty rakennus, jossa ennen puitiin ja kuivattiin viljat.

A traditional Finnish barn was built of logs. Various grain crops were threshed and dried there.

13

Monen kiireisen ihmisen unelma on pieni punainen mökki, joka tässä uinuu metsän katveessa Liperin Kaarnalammella.

Many a busy person's dream is a little red cottage, here nestling at the edge of a forest at Kaarnalampi in Liperi.

Maaliskuun ilta-auringon viimeinen kajastus tuulen riepottelemissa pilvissä ja kevättalven hangilla.

The last rays of the March sun tinting windblown clouds and late winter snows.

14

Huhtikuun auringonlämpö on sulattanut lumen pälvilaikuiksi
Kirkkonummen maisemassa.

Warm April sun has melted the snow in patches, at Kirkkonummi.

Näkymä Tampereen vanhasta, kauniista keskustasta.

View of the fine old Tampere centre.

Neste OY:n pääkonttorirakennus on Espoon näkyvin maamerkki. Maailmalla hyvin tunnettu yhtiö tukee maakaasu-, aurinko- ja tuulienergian käyttöä.

The most prominent landmark in Espoo is the head office of Neste Oy. The well known oil and chemicals company also promotes the use of natural gas and solar and wind energy.

Pyhän Laurin harmaakivikirkko vuodelta 1494 Vantaalla.

The Saint Lawrence mediaeval stone church from 1494, at Vantaa near Helsinki.

Eduskuntatalo on Suomen Eduskunnan kokoontumispaikka Helsingissä. Sen on suunnitellut v. 1927–31 J.S. Siren.

The Parliament Building in Helsinki, designed by J.S. Siren in 1927–31.

*Leskenlehti (Tussilago farfara) on kevään ensimmäisiä kukkia,
kun lumet ovat sulaneet.*

*Coltsfoot is one of the first spring flowers, appearing after the snow
has melted.*

Pohjansirkun (Emberiza rustica) pesä puunkolossa Lemmenjoella.

*The nest of a rustic bunting in the hollow of a tree trunk, at Lemmenjoki
in Lapland.*

Keväinen voikukkaketo on ihmislasten riemullinen leikkipaikka.
A field of dandelions in spring is a child's delight.

Näkymä Kilpisjärveltä Norjan tuntureille.
A scene over Kilpisjärvi looking towards the mountains in Norway.

Keväinen voikukkaketo houkuttelee lapsia poimimaan kukkia.
Kuva Hirvensalmelta.

Springtime meadows of dandelions entice the children, of each generation.

Metsän kasvusto kohoaa kohti valoa ja toukokuisen auringon lämpöä.

Forest greenery like this rock shield fern stretch upwards towards the May sun's warmth and light.

Pienistä koivunoksista, jotka ovat hiirenkorvalla, tehtiin ennen vispilöitä.

In earlier days whisks were made from budding birch twigs.

*Silmujen puhkeaminen on joka kevät yhtä ihmeellinen elämän
jatkuvuuden symboli.*

*The budding of every spring symbolizes afresh the wonder of the
continuation of new life.*

*Valkovuokko (Anemone nemorosa) kukkii ennen
lehtien puhkeamista puihin, koska se tarvitsee silloin valoa.*

*Wood anemones blossom before trees are in leaf
because a great deal of light is required.*

*Suomen kansalliskukka kielo (Convallaria majalis) kukkii Suomen
suvessa kesäkuussa.*

The lily-of-the-valley, the Finnish national flower, blossoms in June.

*Sinivuokko (Hepatica nobilis) herää talviunestaan aikaisin keväällä.
Sen kerääminen ja myynti on kiellettyä Suomessa.*

*The colorful hepatica awakes from its winter sleep in early spring.
It is against the law to pick or sell them in Finland.*

*Pienet niityt ja kedot ovat elintärkeitä perhosille ja luonnon pieneliöille.
Niitä tulisi kaikin tavoin suojella.*

*Small meadows and fields are vital to the preservation of butterflies and
Nature's micro-organisms. They merit our full protection.*

Aamukasteen hopeinen kimallus hämähäkin seitillä.
The morning dew shines silver on a spider's web.

Ounasjoki saa vielä virrata vapaana 1983 annetusta laista johtuen.
Ounasjoki river still flows unhindered, thanks to a 1983 law.

Lappalaisnainen Saamelaispuvussaan on kaunis näky, niinkuin Lapin luontokin kesäisessä komeudessaan.

A Lapp girl in her traditional costume is a pretty sight, as bright as Lapp nature itself in summer.

Kesäisen päivän valo saa koivunrungot hehkumaan puhtaanvalkoisena.

*In the light of a summer's day the birch trunks seem to give off
a pure white glow.*

Suomenhevonen löytää parhaan ravintonsa kesäisiltä, kotoisilta luonnonniityiltä.

A Finnish horse finds its best nourishment in a summery meadow close to home.

Iltalypsyidylli Liperissä. Nykyisin lehmät lypsetään lypsykoneella useimmissa maataloissa.

An idyllic scene of milking cows in the evening at Liperi. Nowadays cows are milked mechanically on most farms.

Kotikissa ei varsinaisesti ole kuulunut Suomen luontoon, mutta on monessa kodissa lemmikkinä tai pitämässä kotihiiret loitolla.

The cat does not really belong to Finnish nature but is a pet in many homes or busy keeping away house mice.

Koira on ollut ihmislasten paras ystävä kautta aikojen. Kuvassa Helena ja Riku.

A dog has always been a child's best friend. The picture shows Helena with Riku.

Saanatunturi, pohjoisimmassa Lapissa on Suomineidon kämmenellä. Sen huippu kokoaa 566 m Kilpisjärven ja 1029 m merenpinnasta.

The mountainous landscape of Saana, reaching heights of 566 meters above Kilpis Lake and 1029 m above sea level, is located on the northwestern tip of Finnish Lapland.

Hämyinen juhannusyö voi olla taikaa, tunnelmaa ja romantiikkaa täynnä. Suomen suven suuri juhlakokko Savonlinnan lähellä.

In the dim light of a Midsummer's night can be found a romantic, magical atmosphere. Near Savonlinna a grand and festive Midsummer bonfire.

Lapin avaria tunturimaisemia Utsjoella.
A scene of expansive, hilly Lapp landscape by the Uts River.

Kesäisen illan jylhää kauneutta Hossan erämaassa Kainuussa.
Rugged beauty in the northeastern Finnish wilderness.

Mustikka (Vaccinus myrtillus) kypsyy heinäkuun aikana. Se on mainio vitamiinien lähde, ja käytettiinpä sitä ennen vatsavaivojen hoitoonkin.

Blueberries are ready for picking in July. They are an excellent source of vitamins and were used to treat stomach ailments in bygone days.

Harvinaistunut ahomansikka (Fragaria vesca) on suussasulavan luonnonraikkaan makuinen.

Wild strawberries, with their mouth-watering natural flavor, have become a rarity.

Puolukka (Vaccinium vitis-idaea), on metsiemme monikäyttöisimpiä marjoja. Se on A, C ja P vitamiineja sekä kaliumia sisältävänä marjana terveellisenä pidetty.

Lingonberries or mountain cranberries from our forests have numerous uses and are considered healthy as sources of vitamin A, B and P and of potassium.

Vadelma (Rubus idaeus) kypsyy loppukesästä ja on hillona parhaimmillaan.

Raspberries, which ripen in late summer, are at their best as jam.

Autereinen suviyö Liperin Paljakalla Pohjois-Karjalassa.
A hazy summer night in North Karelia.

Käsin lypsäminen oli ennen monen suomalaisen naisen jokapäiväistä työtä.

Milking the cow used to be many a Finnish woman's daily task.

Luonto on muovannut suomalaisen miehen sisukkaaksi ja kestäväksi,
samoin kuin Hänen hevosensa, jota ennen käytettiin pelto- ja metsätöissä.

Nature has molded the Finnish man persevering and hardworking, the same for his
horse. In earlier days man and beast toiled as a team in field and forest.

Luonto ilmaisee olemassaolonsa sateenkaaren kaikissa väreissä.
Maisema Kesälahdelta.

Nature announces her presence in the many colors of the rainbow.

Eerik Akselinpoika Tottin perustama Olavinlinna on kuulunut
Savonlinnan maisemaan vuodesta 1475.

Olavinlinna Castle has been a part of Savonlinna scenery since 1475,
when its foundations were laid on the initiative of Eerik Akselinpoika Tott.

*Pääosin C.L. Engelin 1830–52 suunnittelema Helsingin Tuomiokirkko
(Suurkirkko), edustaa tyyliltään uusklassismia.*

*The Lutheran Cathedral in Helsinki 1830–1852, designed by C.L. Engel in
the empire classical style.*

*Helsinki, Pohjolan valkea kaupunki tervehtii valoisilla näkymillään
mereltä saapuvia.*

Helsinki, the white city of the North, welcomes visitors arriving by sea.

Legendaarisen juoksijan, 1917–1973 eläneen Paavo Nurmen patsas Helsingin Stadionin edessä. Paavo Nurmi juoksi mm. 25 maailmanennätystä, ja voitti 9 kulta- ja 3 hopeamitalia olympialaisissa.

Statue of the legendary runner Paavo Nurmi (1917–1973), in front of the stadium in Helsinki. He gained 25 world records in running, and won 9 gold medals and 3 silver medals at Olympic Games.

*Finlandia-talo Helsingissä on monen kongressin ja konsertin tapahtumapaikka.
Se on rakennettu 1968–71, suunnittelijana Alvar Aalto.*

*Finlandia House is a venue for many conferences and concerts.
It was built 1968–71. Alvar Aalto was the architect.*

*YIT-Yhtymän uuden pääkonttorin pääty Helsingissä edustaa modernia
Suomalaista arkkitehtuuria. Sen on suunnitellut Ruokosuo Oy ARKS.*

*The facade of the new head office of YIT Corporation in Helsinki represents
contemporary Finnish architecture. It was designed by Ruokosuo Oy ARKS.*

*Suomen Oopperatalon on suunnitellut työryhmä Hyvänmäki–Parkkinen–
Karhunen. Se sijaitsee Helsingin Töölönlahden kulttuurimaisemassa.*

*The Finnish Opera House designed by Hyvämäki, Parkkinen and Karhunen,
is situated with other cultural buildings in the Töölönlahti area.*

*Suden- ja Hukankorentoja on useita lajeja. Ruskohukankorento
(Libellula quadrimaculata) tähyilee kärpäsiä.*

*There are many kinds of dragonflies and other flying insects
like this one watching out for flies.*

*Ihmisellä on tarve toteuttaa itseään taiteen avulla. Taiteilija
Suomenlinnan maisemissa.*

*Man has a need to realize himself through art. An artist amid the scenery
of Suomenlinna Island.*

Kaunis Neitoperhonen (Inachis io) on viime aikoina yleistynyt Etelä-Suomessa.

The beautiful peacock butterfly has become more common in the last few years in southern Finland.

Mökittömiä suolampia on Suomessa vielä paljon. Koskemattoman luonnon merkitystä on alettu ymmärtää yhä enemmän.

Marsh ponds with no summer cottages near their banks are still plentiful in Finland, where a better understanding of the importance of untouched nature is gaining ground.

Tyyni kesäyö, vesi, kaislat, taivas. Voi melkein kuvitella luonnonkeijujen tanssivan harsopuvuissa pilviä heijastavalla vedenpinnalla.

quiet summer night, the water, bulrushes, the sky encourage fancies of Nature's fairies dancing in their gauze gowns on the cloudy reflections in the lake.

Aamu-usvan salaperäinen henkäys hyväilee maisemaa Hyrynsalmella.

*Ethereal mantle of morning mist covering the countryside at Hyrynsalmi,
central Finland.*

*Helvetinjärven kansallispuistossa Hämeessä, voi kulkija kohdata
kauneimmat näkymät.*

*A traveller comes across fine scenery in the Helvetinjärvi national park
in Häme.*

*Kolin monihuippuinen kvartsiittivaara Lieksassa on Pohjois-Karjalan tunnetuimpia
luonnonnähtävyyksiä. Sen huippu kohoaa 253 metriä Pielisjärven pinnan yläpuolelle.*

*Koli with its quartzite humps rising up to 253 m above the Pielisjärvi lake,
is well known to sightseers in North Karelia.*

*Mikä onkaan ihanampaa, kuin liikkua suomalaisessa metsässä
sienestämässä ja marjastamassa.*

*What could be more wonderful than wandering in a Finnish forest
gathering mushrooms and berries.*

*Vieläkin näkee Suomalaisessa kesämaisemassa heiniä kuivatettavan
seipäillä perinteisen tavan mukaan.*

It is still possible to see hay being dried on stakes in the traditional manner.

*Nuuksion erämaa-alue säilyy ehkä nykyihmisiltä, luonnontilaisena
jälkipolvien ihasteltavaksi?*

*Will the Nuuksio wilderness area be preserved in its natural state for the
future generations to admire?*

Karhu (Ursus arctos) on voiman symboli ja Suomen kansalliseläin. Se on säilyttänyt kantansa asutuksesta ja metsästyksestä huolimatta ainakin toistaiseksi.

Bears, a symbol of strength and the national animal of Finland, have so far managed to maintain their numbers despite encroachment from Finnish settlements and hunters.

Jäkäläkasvuston taidetta Suomenlinnan muureilla.
Lichen artwork on the walls of Suomenlinna fortress.

Maarestatunturi kuuluu Lemmenjoen kuuluisaa kansallispuistoon.
This mountainous area by the Lemmen River is a part of a national park.

Siellä missä vielä on luonnontilaista metsää, voi ihminen kokea luonnon yhteyden...

Where a natural forest still exists, man can experience his affinity to Nature.

Kalalokki (Larus canus) viihtyy rantakalliolla ja luodoilla.
A solitary seagull on a coastal cliff.

Heinäsorsa (Anas Platyrhynchos) vartioi poikuettaan rantakalliolla
Helsingin Vuosaaressa.
A mallard duck guards her brood amid the rocks on the Helsinki coastline.

Kottaraiset (Sturnus vulgaris) parveilevat ennen syysmuttoa. Ihmisten luonnonsuojelunhenki voi estää niitä kuolemasta sukupuuttoon muuttokyyhkyjen lailla.

Starlings flock together awaiting autumn migration. Recently on the decrease, starlings can yet escape the fate of the now extinct passenger pigeon.

Varis (Corvus corone) jää talvehtimaan Suomeen. Se on tottunut paastoamaankin ravinnonsaantimahdollisuuksien puuttuessa.

The crow, grown accustomed to fasting when food is unobtainable, remains to overwinter in Finland.

*Lahoava puu luo mahdollisuuden luonnon sienistä
koostuvalle taideteokselle.*

Mushrooms on a decaying tree form a natural work of art.

*Tuuli keinuttelee metsäaukiolla kasvavaa metsälauhaa
(Deschampsia flexuosa).*

The wind sways woodland hair grass in a clearing.

Syysilma voi olla kuulaan kirkas, sinisen taivaan ja keltaisten koivunlehtien värisopusointu on luonnontäydellinen.

Autumn weather can be bright and clear. A blue sky and yellow birch leaves form Nature's perfect harmony of color.

Koivut alkavat pudotella kellastuneita lehtiään. Syksy on saapunut Suomeen.
Birch trees begin to drop their yellowed leaves. Autumn has arrived in Finland.

Kotimainen omena on makeimmillaan loppusyksystä.

Finnish apples trees thrive best in the South. ·

*Värikkäät pihlajanmarjat luonto on varmaankin tarkoittanut pikemmin
lintujen ravinnoksi kuin ihmisten silmien iloksi.*

*With her colorful rowanberries Nature has hungry birds in mind no doubt,
rather than the delight to human eyes.*

Syyslehtien sinfoniaa Sibeliuspuistossa Helsingissä.
A symphony of autumn leaves at the Sibelius Park in Helsinki.

Yksinäinen poro etsii kumppania rykimäaikana ruskan punertamalla Aakenustunturilla.

A lone reindeer seeks a mate during rutting time in autumn at Aagenustunturi, Lapland.

Sumuun kietoutunutta Aakenustunturin rakkakivikkoa Kittilän kvartsiittiselänteessä.

Fog enwraps crystal ridges of stony mountainous terrain.

Kuuluisan Lapintaiteilijan Reidar Särestöniemen ateljee Kittilässä on monen turistin mieluisa matkailukohde.

The well known artist Reidar Särestöniemi's studio at Kittilä in Lapland is a favourite tourist attraction.

Haapa (Populus tremula) on varistanut lehtensä maahan, kiertokulku luonnossa jatkuu. Vesipisarat jättävät jäähyväiset lehdelle ennen lumen tuloa.

The aspen has dropped its leaves to the ground and the cycle of nature continues. Raindrops bid their last farewell to leaves before the first snowfall.

Jos kulkee silmät ja sydän avoinna, voi ruskan kokea kotinurkillakin.

With eyes open and heart receptive, one can enjoy autumn colors on one's own doorstep.

Ensimmäiset pakkasyöt hopeoivat koivunlehdenreunat huurrekimalluksin.
The first cold nights edge birch leaves a glimmering frosty silver.

Valon ja pimeyden rajua leikkiä auringonlaskun sadepilvissä.
Light and dark play violent games in rainclouds at sundown.

Neitseellisen kaunis Ounasjokimaisema Raattaman Yliskylästä.
Beautiful untouched scenery of Ounasjoki in Lapland.

Iltapilvet hohtavat vaaleanpunaisina rauhallisen maiseman yllä Pallastunturilla.

The pink glow of evening clouds above a peaceful scene at Pallastunturi in Lapland.

Missä avotulenteko on sallitua ilman maanomistajan lupaa, voi vaeltaja keitellä kahvikupposen nuotionloimussa.

Where open fires are allowed without the owner's permission, a wanderer can warm up with a cup of hot coffee beside a flaming campfire.

Karpalot (Vaccinium oxycoccos), ovat lokakuun lopulla kirpeän raikkaita.

The pungent tang of fresh cranberries marks October's end.

Ruska antaa jo aavistuksen väriloistostaan Enontekiön Vuontisjärvellä.
Early signs of bright autumn colors at Vuontisjärvi, Enontekiö.

*Ihminen on liikkumaan luotu laumaeläin. Kävely ja juoksu eivät juuri kuluta luontoa.
Pääkaupunkijuoksu Helsingin Pirkkolassa.*

*The annual public race in the capital of Helsinki. Man, Nature's gregarious animal, was created
to move around. Walking and running need cause no damage to nature.*

*Marraskuun ensimmäiset pakkasyöt ovat muodostaneet jääriitteen lammen
vedenpinnalle. Talvi tekee tuloaan.*

*The first frosty nights of November have formed a film of ice on the
surface of a small lake. Winter is approaching.*

Auringon kehrä kurkistelee ensilumen peittämien omenapuitten oksistojen takaa.

The disc of the sun peeps through winter branches of an apple tree laden with the first snow.

Ilta-aurinko uupuu tummenevan yön syliin...

The evening sun settles down into the arms of darkening night.

Iltapilvet heijastelevat rauhaisaa valoa tummenevalle merelle Suomenlinnan maisemassa.

The darkening sea reflects the restful light of evening clouds over Suomenlinna.

Puut ovat hiljentyneet talvilepoon, luontoäiti peittää maan
pehmeänvalkoisella lumivaipalla.

Trees have quietened into their winter repose. Mother Nature covers the
earth with a soft white blanket of snow.

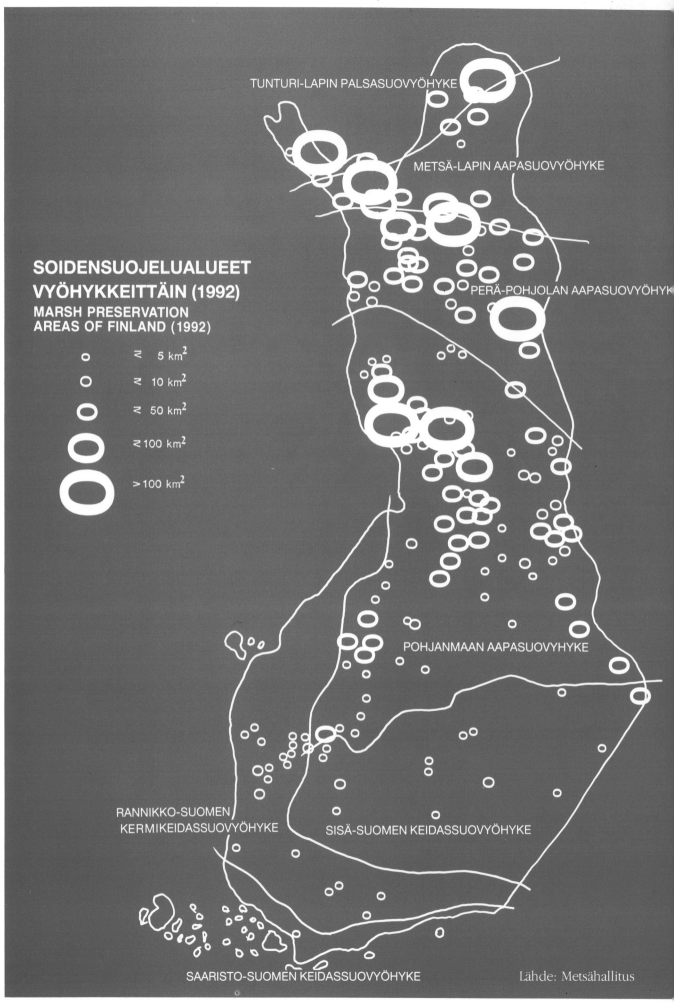

SOIDENSUOJELUALUEET
VYÖHYKKEITTÄIN (1992)
MARSH PRESERVATION
AREAS OF FINLAND (1992)

- ≳ 5 km²
- ≳ 10 km²
- ≳ 50 km²
- ≳ 100 km²
- > 100 km²

TUNTURI-LAPIN PALSASUOVYÖHYKE

METSÄ-LAPIN AAPASUOVYÖHYKE

PERÄ-POHJOLAN AAPASUOVYÖHYK

POHJANMAAN AAPASUOVYHYKE

RANNIKKO-SUOMEN
KERMIKEIDASSUOVYÖHYKE

SISÄ-SUOMEN KEIDASSUOVYÖHYKE

SAARISTO-SUOMEN KEIDASSUOVYÖHYKE

Lähde: Metsähallitus

90

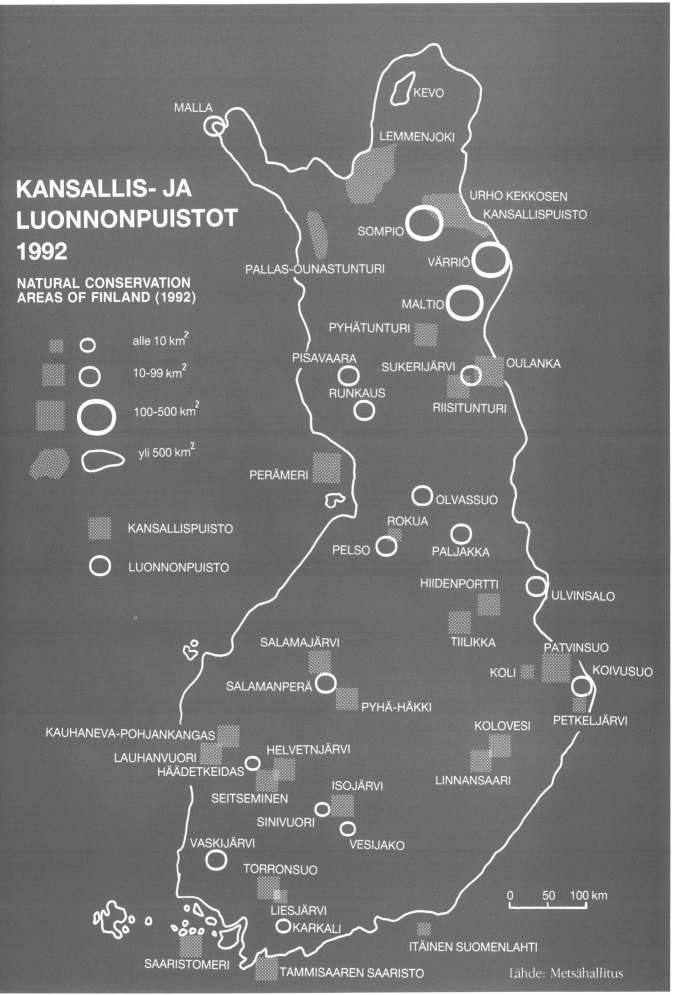

KANSALLIS- JA
LUONNONPUISTOT
1992

NATURAL CONSERVATION
AREAS OF FINLAND (1992)

alle 10 km²

10-99 km²

100-500 km²

yli 500 km²

KANSALLISPUISTO

LUONNONPUISTO

MALLA

KEVO

LEMMENJOKI

URHO KEKKOSEN
KANSALLISPUISTO

SOMPIO

VÄRRIÖ

PALLAS-OUNASTUNTURI

MALTIO

PYHÄTUNTURI

PISAVAARA

SUKERIJÄRVI

OULANKA

RUNKAUS

RIISITUNTURI

PERÄMERI

OLVASSUO

ROKUA

PELSO

PALJAKKA

HIIDENPORTTI

ULVINSALO

SALAMAJÄRVI

TIILIKKA

PATVINSUO

KOLI

KOIVUSUO

SALAMANPERÄ

PYHÄ-HÄKKI

PETKELJÄRVI

KOLOVESI

KAUHANEVA-POHJANKANGAS

LAUHANVUORI
HÄÄDETKEIDAS

HELVETNJÄRVI

LINNANSAARI

SEITSEMINEN

ISOJÄRVI

SINIVUORI

VASKIJÄRVI

VESIJAKO

TORRONSUO

0   50   100 km

LIESJÄRVI

KARKALI

ITÄINEN SUOMENLAHTI

SAARISTOMERI

TAMMISAAREN SAARISTO

Lähde: Metsähallitus

Rovaniemi – Lapin portti.
Rovaniemi – gateway to Lapland.

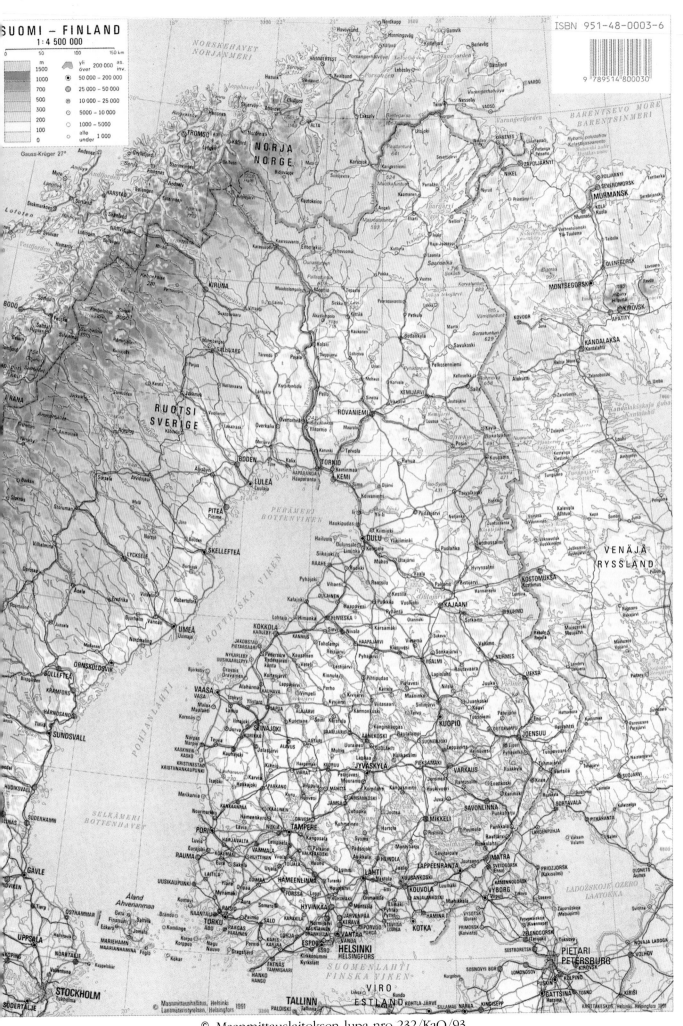

*Vuodenaikojen kuvat ovat kuiskailleet sirpaleen Suomea ja luonnon
henkeä, ajatus unelmoi jo seuraavan kesän kukkaloistosta...*

*Pictures of the seasons, fragments of the spirit of Finland and its Nature,
already whisper to the mind reveries of next summer's flowering splendor...*